Meyer Kayserling

Der Dichter Ephraim Kuh

ein Beitrag zur Geschichte der deutschen Literatur

Meyer Kayserling

Der Dichter Ephraim Kuh
ein Beitrag zur Geschichte der deutschen Literatur

ISBN/EAN: 9783743688438

Hergestellt in Europa, USA, Kanada, Australien, Japan

Cover: Foto ©ninafisch / pixelio.de

Weitere Bücher finden Sie auf **www.hansebooks.com**

Der

Dichter Ephraim Kuh.

Ein Beitrag

zur

Geschichte der deutschen Literatur

von

Dr. M. Kayserling.

BERLIN.

Verlag von Julius Springer.

1864.

Vorwort.

Die Gegenwart, in welcher die grossen Träger der deutschen Literatur durch Biographien zu neuem Leben erstehen, erheischt es als einen Akt der Pietät, auch den minder bedeutenden Männern einer geschwundenen Zeit ein freundliches Andenken zu schenken. Dieser Gedanke leitete mich bei Abfassung dieses Schriftchens, in welchem der sonderbare Bildungsgang, die Erlebnisse und Produkte Ephraim Kuh's, des ersten deutschen Juden, welcher deutsche Gedichte schrieb, vorgeführt werden soll. Ganz vergessen ist freilich Kuh nicht. Berthold Auerbach hat das Verdienst: in seinem „Dichter und Kaufmann" auf ihn zuerst wieder aufmerksam gemacht zu haben; er hat aber, wie er sich ausdrückt, die „biographischen Thatsachen dichterisch ergänzt," so dass das eigentliche Leben nicht allein nicht klar hervortritt, sondern fast ganz in Dichtung aufgeht. Mein Bemühen hingegen ging dahin: die Biographie des „Dichters und Kaufmanns" zu liefern ohne jeden anderen poetischen Beisatz als seine eigenen Gedichte,

1

und diese mit der Zeit und seinem Schicksale zu ver-
schmelzen, so dass dem Leser eine nicht unbedeutende
Anzahl und zwar die besten seiner selten gewordenen
und in Vergessenheit gerathenen Produkte hier ge-
boten werden.

Die im Anhang hinzugefügte biographische Skizze
des von den Literarhistorikern nicht unbeachtet ge-
lassenen jungen Polen Isachar Falkensohn Behr wird
hoffentlich eine nicht unwillkommene Zugabe sein.

Endingen, in Aargau, den 4. November 1863.

Kayserling.

An meine Lieder.

Wir scheiden nun. Lebt wohl! geht in die Welt, ihr Lieder;
Doch geht allein zu Kennern hin . . . .
Wie dumm! Geht ihr nach meinem Sinn,
So kriegt ja mein Verleger nicht die Kosten wieder.

Ephraim Kuh.

I.

Kaum zwei Jahre später als Moses Mendelssohn, im Jahre 1731 wurde Ephraim Kuh in Breslau geboren. Sein Vater, Moses Daniel, ein wohlhabender Kaufmann, erkannte früh die trefflichen Anlagen und Fähigkeiten seines hoffnungsvollen Sohnes und fasste daher den Entschluss, ihn den jüdisch-theologischen Studien zu widmen; er wollte das höchste Glück, dessen damals ein frommer Jude, wie Moses Daniel es war, sich erfreuen konnte, geniessen, der Vater eines Talmudgelehrten zu sein. Er hatte in der That alle Hoffnung, seinen Wunsch erfüllt zu sehen, denn Ephraim hatte eine unbegrenzte Wissbegierde und war von der Natur mit einem vorzüglichen Gedächtnisse begabt. Der junge Kuh war jedoch kaum dem Knabenalter entwachsen, so fand er wenig Geschmack mehr an einem Studium, das nach der damaligen Lehrweise in einer „leeren Disputirkunst", in einer „unfruchtbaren Art des Witzes" bestand, wie Moses Mendelssohn es so treffend bezeichnet, und bei dem „Herz und Gefühl leer ausgingen." In dieser Abneigung gegen das „Lernen", zu dem ihn der Vater bestimmt hatte, wurde er noch durch den Lehrer bestärkt, welcher seine ersten Studien leitete.

Es war dies ein zweiter Samosz, ein polnischer Jude, der, wie der eben genannte Lehrer des deutschen Plato's, aus seiner Heimath vertrieben, nach Berlin kam, hier mit einigen Aufgeklärten Umgang pflog, deutsche ja sogar philosophische Bücher las, und sich über Religionsbegriffe und Ceremonien freier und offener äusserte, als es ein „aufgeklärter" Jude bei der damals herrschenden Intoleranz seiner Glaubensgenossen wagen durfte. Es dauerte auch nicht lange, so hatte er sich den Hass und die Verfolgung der hyperorthodoxen Juden Berlin's zugezogen, und da er Niemand fand, der sich seiner annahm und ihn vor blinder Glaubenswuth schützte, so blieb ihm nichts anders übrig, als den Wanderstab zu ergreifen und Berlin zu verlassen. Er schlug den Weg nach Breslau ein und fand in dem Hause des reichen Kuh ein Unterkommen als Lehrer des jungen Ephraim.

Der Unterricht und das Beispiel des polnischen Lehrers brachten es dahin, dass Ephraim die Lust an dem „Lernen" und den jüdischen Wissenschaften bald völlig verlor; er erklärte dem Vater unumwunden, dass er die „jüdische Theologie" mit dem Geschäftsleben, und die talmudische Disputirkunst mit dem Studium der neueren Sprachen vertauschen wollte. Man kann sich denken, wie weh es dem alten Manne, der in dem „Lernen" hauptsächlich eine fromme Beschäftigung erblickte, gethan haben mag, sich in seinen Hoffnungen getäuscht zu sehen; er war aber verständig genug, in der Wahl des Berufes, von der das ganze künftige Lebensgeschick des Menschen abhängt, seinem Kinde freien Willen zu lassen. Ephraim trat nun in das Geschäft seines Vaters und begann die wesentlichsten Erfordernisse eines Kaufmanns, Deutschschreiben und Rechnen zu lernen. Einer der berühmtesten Kalligraphen seiner Zeit, Namens Petzhold, ertheilte ihm Unterricht in der Orthographie und selbstverständlich im Schönschreiben, und hierin brachte er es in nicht langer Zeit zu einer solchen Vollkommenheit, dass er seinen Lehrer noch übertraf und eine musterhaft schöne Hand schrieb; sie war nur mit Mühe von Kupferstich zu unterscheiden.

Von fremden Sprachen kannte er bis jetzt nur die beiden in der Kaufmannswelt so wichtigen Worte: Debit und Credit. Kaum konnte er sich in seiner Muttersprache geläufig ausdrücken, als er auch schon anfing, Französisch zu lernen. Eine Lernwuth bemächtigte sich seiner, wie sie sich nur bei

Autodidakten findet. In wenigen Jahren lernte er Französisch,
Englisch, Italienisch und verschlang mit wahrem Heisshun-
ger die Werke eines Rousseau, Corneille, Racine, Voltaire,
eines Shakespeare, Hume und Bolingbroke, eines Pope, Tasso,
Petrarca u. A.; den grossen Dichtern ganz besonders widmete
er jede freie Minute, die Poesien waren von jeher seine
Lieblingsstudien. Auch den Wunsch, die alten Klassiker in
der Ursprache lesen zu können, befriedigte er bald; er er-
lernte die lateinische Sprache mit ungemeiner Schnelligkeit
und mit solchem Erfolge, dass er Autoren wie Juvenal und
Martial ohne Schwierigkeit lesen konnte.

Und alles dies lernte er in seinen Mussestunden. Wenn
er des Tages im Comptoir seines Vaters beschäftigt gewesen,
so flüchtete er des Abends zu den Büchern; bei ihnen fand
er Erholung und Vergnügen, so dass er sich oft in später
Nacht noch nicht von ihnen trennen konnte.

Durch solch anhaltenden Fleiss hatte er bis zu seinem
fünf und zwanzigsten Jahre eine Bildungsstufe erreicht, wie
sie den damaligen deutschen Juden fast völlig fremd war. Da
traf ihn plötzlich der harte Schlag, seinen Vater zu verlieren.
Lange konnte er den Hintritt desjenigen nicht verschmerzen,
der ihn aufs zärtlichste geliebt und stets väterlich für ihn
gesorgt hatte, und noch im reifern Alter setzte er den Eltern
ein Denkmal, das die Züge kindlichster Liebe und Dankbar-
keit trägt:

An meine lieben seligen Eltern Moses und Sara Kuh.

Sollt' ich Euch, ihr sel'gen Schatten,
Eltern, keinen Dank abstatten?
Ja! Ihr gabt mir Unterricht,
Eure Huld war ohne Schranken:
That ich je nach meiner Pflicht,
Sang ich je ein gut Gedicht,
Hab' ich's Gott und Euch zu danken. [1]

[1] Hinterlassene Gedichte von Ephraim Moses Kuh (Zürich, Orell,
Gessner, Füssli & Co., 1792) II., 200.

Kuh war nun durch den Tod seines Vaters plötzlich selbständig geworden. Er blieb mit dem ihm als Erbtheil zugefallenen Vermögen vorläufig wenigstens in dem väterlichen Geschäfte, welches er mit seinen Brüdern gemeinschaftlich fortführte, und machte Verse. Ein Dichter ist aber selten ein guter Kaufmann. Kuh war, ohne es zu wissen, so gewaltig von den Musen verstrickt, dass sie ihn nicht allein auf das Comptoir begleiteten, auch auf seinen täglichen Spaziergängen konnte er sich von englischen und lateinischen Dichtern nicht trennen; überfiel ihn Mattigkeit, so setzte er sich in eine Gartenlaube, lagerte sich auch bisweilen auf freiem Felde und las seine Klassiker.

Dergestalt flossen mehrere Jahre in der getheilten Beschäftigung zwischen Kaufmann und Dichter ruhig und sanft hin. Kein Sturm störte seine philosophische Ruhe, kein Wölkchen trübte seinen heitern Horizont bis in sein zwei und dreissigstes Jahr. Von da an kehrte ihm das unbeständige Schicksal missgünstig den Rücken.

II.

Kuh hatte in Berlin einen reichen Oheim, den bekannten Münzunternehmer Veitel Ephraim, dem er gegen Ende des Jahres 1760 einen mehrwöchentlichen Besuch abstattete. Während dieses seines Aufenthaltes in der preussischen Residenz lernte er Moses Mendelssohn kennen und machte durch ihn auch die Bekanntschaft seines damals in Breslau als Secretair des Generals Tauenzien weilenden Freundes Lessing. [1] Wie weit sich sein Umgang mit dem letztern erstreckte, wissen wir nicht, zur Freundschaft ist die Bekanntschaft ohne Zweifel nicht gediehen; desto sehnlicher wünschte der strebsame Mann in die unmittelbare Nähe des von ihm hochverehrten Mendelssohn zu kommen. Die Gelegenheit bot sich bald.

---

[1] Moses Mendelssohn's ges. Schr. V., 161, 163.

Veitel Ephraim machte ihm, wie einige Jahre früher dem
Buchhalter Mendelssohn, den Vorschlag, in seine Gold- und
Silberwaaren-Fabrik mit einem jährlichen Gehalte von tau-
send Thalern als Cassier einzutreten.

Dieses Anerbieten war zu verführerisch, als dass ihn
Kuh hätte widerstehen können, denn trotz seiner idealen
Schwärmerei war er doch noch immer so viel Kaufmann und
Realist, dass er auf Geld einen grossen Werth legte. Geld
war auch in seinen Augen die von ihm besungene „allge-
meine Schönheit":

> Noch ist's nicht ausgemacht, was hässlich ist, was schön.
> Für Schönheit hält der Indianer schwarze Zähn',
> Ein Afrikaner liebt die platt gedrückten Nasen,
> Und ein Japaner wünscht sich Ohren eines Hasen.
> Nummosa hat, was überall gefällt,
> Vom Südpol bis zum Nordpol — Geld. ¹

Kuh's Entschluss war gefasst. Gegen Ende April 1763
reiste er nach Berlin und trat seine Stelle an. Lessing gab
ihm jenen Brief an Mendelssohn mit, der gewissermassen als
ein Abbild des innigen Verhältnisses zwischen den beiden
Wahrheitsforschern angesehen werden kann und mit den
Worten beginnt: „Auch Herr Kuh reist nach Berlin und er-
bietet sich, mir einen Brief an Sie mitzunehmen. Ich muss
dergleichen Gelegenheit nicht aus den Händen lassen. Sie
ist selten, und Posten gehen nach Berlin nicht, sind niemals
nach Berlin gegangen, weil ich Ihnen ja sonst würde geschrieben haben." ²

Für Kuh begann mit seiner Uebersiedlung nach Berlin
eine neue Epoche. Seine ausgezeichneten Talente, seine Stellung, seine Verwandtschaft mit dem reichen Veitel und sein
leutseliges Betragen verschafften ihm bald Zutritt zu den Gelehrten der preussischen Metropole, namentlich schloss er sich

¹ Gedichte, I., 202.
² Moses Mendelssohn's ges. Schr. V., 167.

Mendelssohn und dessen Freunden enger an. Unter Leitung dieser Männer lag er seiner weitern wissenschaftlichen Ausbildung ob und strebte danach, seinem bisher vernachlässigten deutschen Stil eine edlere gefälligere Form zu geben. So weit seine Comptoirgeschäfte es ihm gestatteten, las und studirte er und — dichtete. Verse Schmieden und Dichten blieb bis an sein Lebensende seine Lieblingsbeschäftigung; es war das sein „Dichterdrang", mit dem es, wie er selbst gesteht, auf Ehre und Ruhm nicht abgesehen war:

> Ich dichte für den Nachruhm nicht:
> Im Grabe macht er wenig Freude.
> Ich mache ein Lied, wie Seidenwürmer Seide;
> Es quält mich, es muss aus Licht. [1]

Er machte auch keineswegs Anspruch darauf, immer originell zu sein, und liess sich eine noch so scharfe Kritik gern gefallen:

> Wenn mein Honig nur behagt,
> Glaubet nicht, dass ich mich schäme,
> Wenn die dumme Hummel sagt,
> Dass ich ihn aus Blumen nehme. [2]

Es lässt sich nicht genau bestimmen, welche seiner Gedichte während seines Berliner Aufenthaltes entstanden sind. In dem sicher aus jener Zeit stammenden, „Gallomanie" überschriebenen Epigramme ergoss auch er sich, gleich Lessing und Mendelssohn, in Spott über die deutsche Nachaefferei der französischen Sitten:

> Das dümmste Zeug, thun es Franzosen,
> Wird bald von Deutschen nachgeahmt.
> Ein Mädchen voller Jugendpracht
> Betrachtet ihrer Wangen Rosen:
> Vergebens, dass der Weise lacht.
> Doch glaubt, wenn sie was Kluges machten,
> Dann würden wir's gewiss verachten. [3]

---

[1] Gedichte, II., 1.
[2] II., 1.
[3] I., 161.

Die unbegrenzte Verehrung vor Friedrich dem Grossen, welche sich in den vielbewegten Jahren des siebenjährigen Krieges durch vielfache poetische Produkte der Gleim, Ramler u. A. kund gab, regte auch ihn an, den grossen König in mehreren kleineren Gedichten zu verherrlichen, so:

An Friedrich II. nach dem Leuthner Siege.

Du thust zu viele Götterthaten;
O grosser König! lass Dir rathen:
Halt ein; Du schadest Deinem Ruhm.
Wie Fabeln aus dem Alterthum,
Die Dichter zum Ergötzen machten,
Wird sie die Nachwelt stets betrachten. [1]

Aehnlich in dem Epigramme:

Hippokrene, auf deutsch Rossbach.

Bei Rossbach, Gallier, verhofftet ihr zu siegen?
Bei seiner Quelle konnt' Apoll nicht unterliegen. [2]

Noch mehr vergöttert er ihn in einem andern Epigramme

Auf den König Friedrich II.

Den Zepter führet Zeus, Apoll die Leyer,
Minerv' ist weis', und Mars hat Heldenfeuer;
Der Preussen Friedrich vereint die Gaben,
Die des Olympus Götter einzeln haben. [3]

Treffend charakterisirt er ihn in der Inschrift:

Unter Friedrich des Grossen Bildniss.

Den Vater sehen seine Staaten,
Gelehrte ihren Mäcenaten,
Den weisen König Potentaten
Und seine Feinde den Soldaten. [4]

[1] Gedichte, I., 214.
[2] I., 173.
[3] II., 40.
[4] II., 55.

Kuh knüpfte sich in seiner Reimlust an die Zeit, ihre Persönlichkeiten und ihre Ereignisse. „An die tausend kleinen Fäden und Verknotungen, aus denen sich das Gesellschaftsleben zusammensetzt, heftete er," wie Auerbach sich ausdrückt,[1] „seine Satyre;" bei allen Erlebnissen und Gesprächen machte er sich Denkzeichen, um sie nicht aus der Erinnerung zu verlieren. Sein Wahlspruch war:

Ich lobe mir die Thoren
Trotz ihrer Midasohren:
Wenn Jedermann vernünftig wär',
Wo nähm' ich Stoff zu Sinngedichten her?[2]

Die verschiedenartigsten Vorfälle und Vorgänge im Leben boten ihm Stoff zu seinen Satyren, und wer mit den einzelnen, an sich oft unbedeutenden Begebenheiten aus jenen Jahren vertraut wäre, würde in Kuh's Epigrammen nicht vergeblich nach Anknüpfungspunkten und Belegen suchen. Wir wollen hier nur auf einige hinweisen, z. B.:

Die Narren eines gewissen Fürsten.

Zwei Narren hat der Fürst in seinem Tafelzimmer!
Den einen sieht man stets, den andern sieht man immer;
Neckt ihn der erste sehr,
Neckt ihn der andere mehr.[3]

Dass mit diesem Fürsten auf keinen andern als den grossen Friedrich, und mit dem Narren auf Voltaire gezielt ist, sieht Jeder ein.

Ein polnischer Jude liess sich taufen, was gegen Ende des vergangenen und im ersten Viertel dieses Jahrhunderts gerade nicht zu den Seltenheiten gehörte; Kuh hielt es der Mühe werth, diese charakterlose That durch ein Gedichtchen zu verewigen, zumeist wohl um dem Kurfürsten August II. von Sachsen, dem spätern Könige von Polen, eins zu versetzen.

---

[1] Auerbach, ges. Schr. XIII., 2.
[2] Gedichte, I., 248.
[3] I., 171.

Der polnische Jude, der ein Christ ward.

> Ein grosser Kurfürst, dem kein Mangel droht,
> Verleugnet die Religion
> Um einen neuen Titel, einen neuen Thron.
> Und mich — mir fehlen Dach und Brot —
> Mich tadelt ihr mit bitterm Hohn! [1]

Sogar die schlechte Münze, welche sein Oheim Veitel auf höchsten Befehl prägte, die berüchtigten Ephraimiten, unterlag seiner Satyre:

Die Münze des Fürsten.

> Die Diener eures Staats, ihr Herren dieser Welt,
> Sind oft von innerm Werth, wie euer gutes Geld:
> Den meisten aber gibt — erlasst mir die Exempel —
> Nicht ihr Gehalt den Werth, nein, nichts als euer Stempel. [2]

Kehren wir nunmehr zu dem Leben unseres Dichters zurück.

Die drei ersten Jahre seines Berliner Aufenthaltes verstrichen seinem eigenem Geständnisse zufolge in ungetrübter Ruhe und Zufriedenheit. Er sah sich vor Nahrungssorgen gesichert, konnte sich seiner Lieblingsbeschäftigungen ungestört hingeben, stand in Achtung und hatte ausser seinem bedeutenden Gehalte noch über ein nicht unbeträchtliches Vermögen zu verfügen. Alles dies liess, so weit menschliche Kurzsichtigkeit zu berechnen im Stande ist, eine glückliche Zukunft erwarten. Hätte Kuh den Entschluss fassen können, sich häuslich niederzulassen, sich zu verheirathen, so wäre er wahrscheinlich manchem Unheile, das später über ihn einbrach, ausgewichen. Sei es aber, dass seine allzu grosse Sinnlichkeit, welche sich in den meisten seiner an Frauen und Mädchen gerichteten Gedichte und oft in recht derber Weise ausspricht, ihn abhielt, sei es, dass er keine Wahl

---

[1] Gedichte, I., 157.
[2] I., 162.

nach seiner Neigung treffen konnte, er verheirathete sich nicht. Dass er oft und viel geliebt und auch seine angebeteten Mädchen besungen hat, ergiebt sich unzweifelhaft aus seinen Produkten. Wir erwähnen nur das Epigramm:

An die Mädchen.

Viel hundert schon von Amors Ketten
Riss ich mit leichter Müh' entzwei;
Nicht blonden Mädchen, nicht Brünetten
Blieb lange Zeit mein Herz getreu.
Nein, Kinderchen! Ich bin vernünftig:
Euch alle lieb' ich; unterthan
Bleib' ich gewiss auch keiner künftig,
Legt Hymen mir nicht Fesseln an. [1]

Kuh an seine Geliebte.

Mit nassen Augen fragest Du:
Wirst Du mich lange lieben, Kuh?
Du hoffst umsonst Bescheid aus meinem Munde:
Weiss ich denn meine Sterbestunde? [2]

An mein Mädchen.

Nein, Rosalinde, nein, ich laufe
Nicht mehr von Dir zur andern hin:
Ich komm' bei meinem Wankelsinn
Stets aus dem Regen in die Traufe. [3]

Zu einer sogenannten Convenienzheirath konnte er sich nicht entschliessen. Die Art und Weise, wie solche Parthieen unter den Juden damals — und in manchen Gegenden auch noch jetzt — geschlossen zu werden pflegten, verachtete er aus dem Grunde seines Herzens. Treffend ist das dieselben geisselnde Epigramm:

---

[1] Gedichte, II., 21.
[2] I., 250.
[3] I., 235.

Die Heirath.

Erst knickert man ums Geld,
Und kömmt man endlich überein,
So nimmt man noch das Mädchen oben drein,
Und dieses nennt die Welt —
O Zeit! O Sitte! — — — frey'n. [1]

Und doch war es zu seinem Unglücke, dass er ledig
blieb. Nach wenigen Jahren der Zufriedenheit verlor er
endlich jeden festen Halt und liess sich willenlos vom Schicksal treiben.

III.

Einer der grössten Fehler Kuh's war seine unbegrenzte
Gutmüthigkeit: er war zu gut, zu ehrlich, so dass sein Sinn-
spruch:

Das Wörtlein zu ist meist gefährlich:
Es schadet selbst dem Wörtlein ehrlich [2]

auf ihn selbst die beste Anwendung findet.

Seine Theilnahme für Unglückliche und Leidende jeder
Art war in Berlin allbekannt und wurde von unverschäm-
ten Schmarotzern und Betrügern häufig missbraucht. Men-
schenkenntniss ging ihm ab, er hatte überhaupt einen
zu hohen Begriff von der Ehrlichkeit der Menschen und hielt
jede Versicherung für heilige Wahrheit; er hielt es für un-
möglich, dass manche Menschen so schlecht sein sollten, wie
er sie in Büchern geschildert fand. Da er bei seinem offenen
Wesen kein Geheimniss aus seinem Vermögen machte, das
er unkluger Weise aus dem väterlichen Geschäfte gezogen
hatte, um es in Berlin besser anzulegen, so wurde er auf's
Schmählichste ausgesogen. Jeder machte sich seine Gutmüthigkeit zu Nutze; der Eine gab Kummer und Noth vor,
der Andere versprach ihm Antheil am Gewinn, ein Dritter

---

[1] Gedichte, II., 59.
[2] I., 234.

wusste ihn durch Schmeichcleien, für die er, beiläufig gesagt,
sehr empfänglich war, zu gewinnen, ein Vierter borgte: Alles
war in den meisten Fällen so gut wie verloren. Wollte er
sich eines bei ihm Hilfe suchenden Schwätzers entledigen,
so borgte er ihm, denn Borgen betrachtete er als das beste
„Mittel einen Schwätzer los zu werden."

Der Schwätzer Milbach überhäuft mich alle Morgen,
Und schwöret, Niemand liebe mich so sehr,
Als er. Ich will ihm zwanzig Thaler borgen,
Dann sehe ich ihn gewiss nicht mehr. [1]

So wurde ihm sein Vermögen theils abgebettelt, theils
abgeborgt und abgeschwindelt; ein Hundert Thaler ging nach
dem andern, ein Tausend nach dem andern hin,[2] nach
wenigen Jahren war Kuh selbst ein armer Mann, der nichts
mehr besass als eine — anschnliche Bibliothek. Seine
Bücherliebhaberei, die an Verschwendung grenzte und darin
bestand, die seltensten Classiker-Ausgaben in den prächtig-
sten Einbänden zu bezitzen, hatte ebenfalls nicht wenig dazu
beigetragen, seine Kasse zu leeren.

Auf dem im Wohlstande erzogenen und in Ueberfluss
lebenden Manne lastete wie ein Alp der Gedanke, durch seine
Gutmüthigkeit nun plötzlich vermögenslos geworden zu sein;
wusste er doch nur zu gut, dass mit dem Verluste des Geldes
gewöhnlich auch die Achtung verscherzt ist. Man höre nur
sein Epigramm:

Reichthum.

Pfui Dir, Reichthum! Heil Dir, Tugend! —
Aber halt! wo Geld gebricht,
Achtet man auch Tugend nicht.
Hat man Geld, so hat man Tugend,
Hat Verstand, hat Witz, hat Welt. — —
Um Vergebung, liebes Geld! — [3]

---

[1] Gedichte, I., 251.
[2] Viele jüdische und christliche Studenten erhielten von ihm monat-
liche Stipendia von 10 bis 15 Thaler.
[3] Gedichte, II., 26.

Was ihn noch am Meisten tröstete und aufrecht erhielt,
war das Bewusstsein, dass er vor Armuth geschützt war:
sein Oheim Veitel hatte ihm ein jährliches Einkommen aus-
gesetzt, mit dem er die nöthigen Ausgaben hinlänglich be-
streiten und recht anständig leben konnte; das Schicksal
hatte aber sein Spiel mit ihm und ihn zum Leiden sich er-
koren, wie er in einer trüben Stunde richtig erkannte und
es in folgendem Gedichtchen aussprach:

> Hat das Geschick zum Leiden Dich erkoren,
> So mache was Du willst, Du bist verloren;
> Nicht Zeit, nicht Ort entzieht Dich seiner Wuth.
> Der Unglückselige will einen Nachen
> Sich aus dem Baum, den Winde fällten, machen;
> Und sie verfolgen ihn noch auf der Fluth. [1]

Der Aufenthalt in Berlin wurde ihm täglich drückender;
ein Umstand machte ihm die Musenstadt bald völlig ver-
hasst. Auf dem Veitel'schen Comptoir arbeitete nämlich mit
ihm zu gleicher Zeit ein junger Mann, der durch heuchleri-
sche Freundschaft es verstand, ihn an sich zu fesseln. Die
Warnungen des als misstrauisch bekannten Oheims, diesem
christlichen Buchhalter sein Vertrauen nicht zu schenken,
wurden nicht beachtet, und in kurzer Zeit lockte er dem
gutmüthigen, schwachen Kuh durch Aeusserungen edler
Grundsätze von Wohlthätigkeit und Menschenliebe tausend
Thaler auf einen Wechsel ab. Er versprach heilig und
theuer, das Geld an dem von ihm bestimmten Tage zurück
zu bezahlen. Der Termin rückte heran; Kuh erhielt kein
Geld, all sein Bitten, Flehen und Drohen war vergeblich;
ein höhnisches „Ich habe nichts" war die gewöhnliche Antwort, die der betrogene Freund erhielt. Kuh wollte klagend
gegen ihn auftreten, das gab aber Veitel nicht zu, aus Furcht,
der Betrüger könnte etwa sein Geschäft verlassen. Der arme

---

[1] Gedichte, I., 188.

Mann war ausser sich vor Wuth. Der frühere Freund wagte sich auch noch an seinen guten Namen; er sprengte aus, dass Kuh die innere Einrichtung der Gold- und Silbermanufactur seines Oheims einem Andern verrathen habe, um sich mit Diesem zu associiren, und Veitel, ein ungebildeter, argwöhnischer Mann, schenkte dem Gerüchte ohne Weiteres Glauben. Das kränkte den ohnedies gebeugten Kuh so sehr, dass er seine Entlassung zu nehmen beschloss. Nichts konnte ihn zum Bleiben bewegen. „Ich habe für Denjenigen", sagte er im Bewusstsein seiner völligen Unschuld seinem Oheim, „keine Rechtfertigung, der nur auf ein blosses Gerücht, ohne gehörige Prüfung, ohne evidente Beweise, mich einer solchen Niederträchtigkeit fähig halten kann. Ich kann auch nicht im Dienste Dessen verharren, der mir auf eine blosse Sage die schwärzesten Laster, Undank und Treulosigkeit beizumessen im Stande ist." Weder die Bitten und Entschuldigungen seines Oheims, noch die Vorstellungen seiner Freunde vermochten ihn von seinem Entschluss abzubringen; er verharrte bei seinem Vorsatze, Berlin für immer Lebewohl zu sagen, um „sich mit aller Macht in's Leben zu stürzen"; er wollte reisen. Von Stadt zu Stadt wandernd, glaubte er die ruhelose Sehnsucht beschwichtigen zu können, die er als die Quelle alles Unglücks, das über ihn gekommen, ansah. In wenigen Tagen waren alle Vorbereitungen zur Reise getroffen; er sammelte die spärlichen Reste seines Vermögens, nahm von Mendelssohn und seinen übrigen Freunden Abschied und ging — an das Büchereinpacken. „Zuerst nahm er die Bibel und legte sie mit stiller Andacht in den Koffer; sie sollte das Bretterhaus weihen, in das er seine Freunde schloss"; eine Auswahl der Griechen, Römer, Deutschen, Italiener, Britten und Franzosen sollte ihn begleiten. Je mehr und je länger er aber wählte, um so ungerechter däuchte es ihm, dieses oder jenes Buch zurückzulassen. War nicht da und dort eine Stelle, die ihn so oft getröstet, erfreut, er-

hoben, und diese sollte nicht die Fracht werth sein, ihn
überall begleiten zu dürfen? So füllten sich nach und nach
mehrere grosse Koffer mit seiner Bibliothek, von der er sich
auch in der äussersten Noth nicht trennen mochte. Lieber
verkaufte er von seinen Kleidern und Bijouterien, was er
nur füglich entbehren konnte, lieber litt er Mangel an den
nothwendigsten Bedürfnissen des Lebens, als eins seiner
Bücher zu verkaufen.

Im Jahre 1768 trat Kuh seine Reise an: er durchwan-
derte Holland, Frankreich, Italien, einen Theil der Schweiz
und den Süden Deutschland's.

Von seinen Reiseerlebnissen wissen wir nichts, er selbst
hat nichts darüber verzeichnet. Am Meisten empörte ihn der
schimpfliche jüdische Leibzoll, der damals noch im ganzen
„Reich" erhoben wurde und ihm mehr als einmal Plackereien
verschaffte. Bei seiner Rückreise durch Sachsen im Jahre
1771 kostete ihm eine Uebergehung des Leibzolls beinahe
seine ganze Baarschaft und mit vielen Hunderten musste er
in Gotha den Glauben seiner Väter verzollen. Zur Erinnerung an diese beschimpfende Steuer, welche selbst in Preussen erst mit dem Regierungsantritte Friedrich Wilhelm II.
abgeschafft wurde, schrieb er folgendes Gedichtchen nieder:

Der Zöllner in E. und der reisende Jude.

Z. Du, Jude, musst drei Thaler Zoll erlegen.
J. Drei Thaler? So viel Geld? Mein Herr, weswegen?
Z. Das fragst Du noch? Weil Du ein Jude bist.
   Wärst Du ein Türk', ein Heid', ein Atheist,
   So würden wir nicht einen Deut begehren;
   Als einen Juden müssen wir Dich scheren.
J. Hier ist das Geld! — Lehrt Euch dies Euer Christ? [1]

Nach Verlauf von drei Jahren befand sich Kuh in der
äussersten Verlegenheit; seine Kasse war bis auf den letzten

---

[1] Gedichte, I., 187.

2*

Heller erschöpft, seine Gesundheit war zerrüttet, es blieb
ihm nichts anderes übrig, als in die Heimath zurückzukehren
und die Hülfe seiner Verwandten in Anspruch zu nehmen.
Er reiste geradezu nach Schlesien. In Deutsch-Lissa, einige
Stunden vor Breslau, machte er Halt und zeigte seinen Brüdern seine Ankunft mit dem Ersuchen an, ihn abzuholen.
Es lässt sich leicht denken, in welchem Zustande sie ihn
wiederfanden! Er war nicht allein alles Geldes baar, es fehlte
ihm auch an Kleidern, denn jedes Stück, das er irgend entbehren zu können glaubte wurde verkauft, um mit dem Erlös
die Reisekosten decken zu können. Mit Thränen in den Augen
schilderte er den Brüdern seine jämmerliche Lage und bat
sie flehentlichst um eine Unterstützung, welche ihn in den
Stand setzen könnte, sich eine Stelle zu suchen; um keinen
Preis wollte er nach der Stadt zurück, die er als wohlhabender, geachteter Mann verlassen hatte und jetzt als Bett-
ler betreten musste. Erst den dringendsten Bitten der Sei-
nigen gelang es, ihn von diesem Plane, in seinem jetzigen
Zustande unter fremden Menschen zu leben, vorläufig abzubringen; Kuh liess sich zur Rückkehr in die Heimath bewegen. Seine Verwandten nahmen sich seiner in der That
mit aller Liebe an und behandelten ihn mit aller Zärtlich-
keit; sie schossen ein ziemlich ansehnliches Kapital zusam-
men, dessen Interessen ihm als Taschengeld dienen sollten,
und versprachen ihm, zeitlebens für seinen Unterhalt zu sorgen. Sie hielten treulich Wort.

IV.

All' die bitteren Erfahrungen, welche Kuh in Berlin
und auf seinen Reisen gemacht, der schwarze Undank und
die Treulosigkeit seiner Freunde, welche, wie er selbst in
einem Epigramme klagte:

Wie unser Schatten ist so mancher treue Freund,
Er bleibt — so lang' als uns die Sonne noch bescheint. [1]

sich in seinem Unglück von ihm entfernten, hatten in seiner Seele eine Melancholie zurückgelassen, die sich zunächst in einer grösseren Apathie gegen die menschliche Gesellschaft äusserte. Wochenlang kam er nicht aus seinem Zimmer, studirte, las und dichtete unaufhörlich, und durch diese Lebensweise, die grosse geistige Anstrengung und die wenige körperliche Bewegung, verschlimmerte sich sein Uebel von Tag zu Tag; hierzu kamen noch die Plackereien einiger intoleranten Glaubensgenossen.

Kuh galt für einen Aufgeklärten, Neumodischen. Denk-, Rede- und Pressfreiheit hielt er, so lange diese nicht das Wohl der menschlichen Gesellschaft und die öffentliche Ruhe gefährdeten, für ein unverletzliches Recht eines jeden Individuums. Er war ehrlich genug, aus seinen religiösen Ansichten kein Hehl zu machen, und erging sich mündlich und schriftlich in beissendem Witz über Aberglauben und manche Vorurtheile, von welchen er, gleich Moses Mendelssohn, die jüdische Religion nicht freisprechen konnte. Was bedurfte es mehr, um bei den Hyperorthodoxen in Verdacht zu gerathen. Sie beobachteten ihn auf Weg und Steg und warteten nur eine Gelegenheit ab, ihn vor ihr inquisitorisches Ketzergericht ziehen zu können. Das gelang ihnen bald. Kuh wurde angeklagt, am Tage der Zerstörung Jerusalem's nicht nach Vorschrift strenges Fasten gehalten zu haben, und wurde zur Verantwortung vorgeladen. Ohne

---

[1] Gedichte, I., 199. Treffend ist auch ein ähnliches Epigramm (I., 172):

Der Verlust auf Einer Seite.

Leih'st Du Deinem Freunde Geld,
Musst Du Dich zugleich entschliessen —
Leider ist's der Lauf der Welt! —
Eins von beiden einzubüssen.

Furcht trat er vor seine unbefugten Richter und erklärte:
„er würde die ihm angeschuldete That weder affirmativ noch
negativ beantworten, wenn man ihm nicht zuvor seine Ankläger stellte. Geschähe dies, alsdann erst würde er eine
Discussion über die Gesetzlichkeit oder Ungesetzlichkeit der
Anschuldigung anstellen, inwiefern Menschen berechtigt sein
könnten, sich darüber zu Richtern aufzuwerfen." Es liess
sich aber kein Ankläger blicken, und Kuh wurde für dieses
Mal in Gnaden mit der nachdrücklichen Ermahnung entlas-
sen, sich fernerhin aller freimüthigen Reden und Aeusserungen über Religion und religiöse Gebräuche zu enthalten.
Dieser angemasste Glaubens- und Gewissenszwang seiner
Glaubensgenossen empörte ihn sehr, und ist es nicht unwahr-
scheinlich, dass dieses inquisitorische Verfahren ihn zu folgendem Epigramme veranlasste:

Die Inquisitoren.

Fürwahr! euch muss man menschlich nennen!
Sogar der Neid muss es bekennen.
Denn ihr vergiesset niemals Blut:
Ihr nehmt der Unschuld nur ihr Gut,
Und lasst lebendig sie verbrennen. [1]

Die nächste Folge dieser Unduldsamkeit war, dass Kuh
den Umgang mit den Breslauer Juden aufgab und sich
einigen dortigen christlichen Gelehrten anschloss — ein
Schritt, der ihm neue Verlegenheiten und Kränkungen zu-
zog. Mancher dieser neuen Bekannten versuchte es, ihn zu
überreden, den Glauben der Väter zu verlassen und in den
Schooss der Kirche einzutreten; man gab sich irriger Weise
der Hoffnung hin, um so schneller mit ihm fertig zu werden, als mehrere Glieder seiner Familie sich zu diesem cha-
racterlosen Schritte bereits entschlossen hatten. Kuh war zu
nichts zu bewegen; er wurzelte tief in dem väterlichen Glau-

---

[1] Gedichte, II., 28.

ben und suchte bald durch Scherz, bald durch Gründe die
Zudringlichkeit der bekehrungssüchtigen Geistlichen von sich
abzuwenden. So lange nun die Aufforderung zum Ueber-
tritte bloss mündlich geschah, verursachte es ihm Verdruss,
den er durch das Zureden seiner toleranteren christlichen
Freunde leicht überwand; als aber der fromme Eifer eines
Breslauer Geistlichen sich so weit verstieg, den kranken
Mann öffentlich und schriftlich aufzufordern, den Glauben
seiner Väter abzuschwören, und folgendes honigsüsse Gedichtchen an ihn richtete:

> Liebster, bester Kuh!
> Warum bleibest Du
> Nur allein beim Vater stehn,
> Willst nicht zu dem Sohne gehn?

da fühlte er sich auf's Tiefste gekränkt. Dieselben Gründe,
welche nach einer ähnlichen Zumuthung Lavater's bei
Moses Mendelssohn walteten,[1] hielten auch ihn von einer
öffentlichen Antwort ab, und doch wollte und konnte er eine
solche Aufforderung nicht ganz unbeantwortet lassen; er verfertigte ein kleines Gedicht, das verloren gegangen und dessen wesentlicher Inhalt war, „dass ein guter und gehorsamer
Sohn die treuen Diener seines Vaters nicht verachte, wenn
sie ihm auch nicht die Cour machten."

Nach diesem ärgerlichen Vorfall brach Kuh allen Umgang auch mit christlichen Gelehrten ab und zog sich völlig
von der Welt zurück. Sein Uebel, so unbedeutend es auch
anfangs war, verschlimmerte sich von Tag zu Tag; es dauerte nicht lange, und seine Melancholie artete in fürchter-
lichsten Wahnsinn aus. Mehr als einmal machte er Ver-
suche, den ihn Tag und Nacht umgebenden Wächtern zu
entspringen und in den schrecklichsten Anfällen der Raserei

---

[1] Vergl. hierüber mein Moses Mendelssohn. Sein Leben und seine
Werke. (Leipzig, Mendelssohn, 1862) 184—210.

seinem Leben ein Ende zu machen. Jeden der sich ihm
näherte, hielt er für einen Fanatiker, der ihn bekehren, für
einen Feind, der ihn ermorden wollte. So war er eine
Zeit lang durch keinerlei Vorstellung von dem Glauben abzubringen, dass ihm zwei Officiere nach dem Leben trachte-
ten, bis der Chef des Regiments, in welchem diese Officiere standen, aus Menschenliebe und Achtung vor Kuh's
Talenten ihn von dieser Manie heilte. Er liess ihn zu sich
kommen und gab ihm die feierliche Versicherung, dass er
die beiden gefürchteten Officiere seinetwegen auf die Festung
geschickt habe — und Kuh glaubte es.

Fast sechs Jahre verbrachte der Unglückliche mit kur-
zen Intervallen in dem Zustande der Raserei. Ganz geheilt
wurde er freilich nie, aber doch so weit wieder hergestellt,
dass die Anfälle sich nur selten und minder bedeutend wiederholten. Mit Ergebenheit ertrug er sein Schicksal, seine
„beste Trösterin" war die Hoffnung und Geduld, wie sich
aus folgendem trefflichen Gedichtchen deutlich ergiebt:

Als mich schwere Leiden plagten,
Sorgen mir das Herz zernagten,
Kam, bewehrt und fürchterlich,
Die Verzweiflung über mich.
Doch ein Weib mit sanftem Blicke
Scheuchte sie sogleich zurücke.
Dankbar pries ich ihre Huld,
Dankbar fiel ich ihr zu Füssen,
Wollte ihren Namen wissen;
Und sie rief: Ich bin Geduld. [1]

Seine ganze Lebensart war auch nunmehr eine andere
geworden. Er erweiterte allmählich den Kreis seiner Bekannten, jedoch mit der sorgfältigsten Wahl; wer nur die
mindeste Bekehrungssucht blicken liess, wurde, ob Jude
oder Christ, von ihm gemieden. Er gönnte sich täglich meh-

---

[1] Gedichte, II., 61.

rere Stunden Bewegung und durchschwärmte wieder in Begleitung seiner Lieblingsdichter die Fluren. Nach einem solchen Ausfluge schrieb er in einer bukolischen Erinnerung das Gedicht:

Ausflucht aufs Land.

Heil euch Erlen, Eschen, Linden!
Berg' und Thäler, seid gegrüsst!
Lasst mich hier die Freuden finden,
Die ich in der Stadt vermisst!

Nehmt mich auf in eure Hütten,
Ihr beglückten Schäfer, ihr!
Ihr von unverdorbnen Sitten,
Welch ein Leben lebt man hier!

Brüder kränken keine Brüder,
Und des Stolzes ehern Joch
Drücken nicht den Kleinern nieder:
Goldnes Alter herrscht hier noch.

Prunkwerk und erzwungne Freuden
Kennen unsre Städter nur:
Aber hier auf euren Weiden
Lachen Freuden der Natur. [1]

Es ist eigenthümlich, dass Kuh nicht allein, gleich dem unglücklichen Hölderlin, seinem Leidensbruder, an den Dichtungen des Alterthums und der Neuzeit das erlöschende Licht seines Geistes zu erhalten suchte; er konnte auch alsdann noch schreiben und dichten, wenn er ausser Stande war, vernünftig und zusammenhängend zu sprechen. Er war sich dessen selbst bewusst und äusserte gegen Verwandte und Freunde oft seine Verwunderung darüber. So schrieb er in einem sehr heftigen Anfalle der Raserei: „Gedanken, von gewissen Unglücksfällen veranlasst":

---

[1] Gedichte, II., 158.

Der starke Atlas nahm die Welt auf sich,
Und eine Welt voll Gram ertrage ich;
Doch, hoher Zeus! Dir sei's gedankt!
Nie hab' ich unter ihr gewankt. [1]

Wer sähe es diesem Produkte wohl an, dass es ein Wahnsinniger geschrieben hat?

V.

Kuh's Gedichte, bestehend aus Epigrammen, Liedern und Fabeln, welche wir später noch näher in's Auge fassen werden, verdienen um so mehr Beachtung, da er sie meistens in einem Mittelzustande zwischen Wahnsinn und Vernunft verfasste. Er war stolz darauf, seine „kleinen Spielereien", wie ein neuerer Literarhistoriker sie nennt, der Welt hinterlassen zu können und lebte der süssen Hoffnung, sich durch sie die Unsterblichkeit gesichert zu haben. Man höre nur sein Epigramm

An den Tod.

Ich fürchte mich mit nichten, o Tod, vor deinem Tödten:
Du tödtest nur den Menschen, nicht aber den Poeten. [2]

Wie viele Dichter und Dichterlinge besass auch er die leicht verzeihliche Schwachheit, seine Produkte Freunden vorzulesen und das Urtheil selbst incompetenter Richter darüber zu vernehmen. Nichtsdestoweniger war er streng gegen sich selbst, nur selten befriedigten ihn seine Arbeiten, und scharfe, ja sogar ungünstige Kritiken konnte er mit Ruhe und Gelassenheit ertragen, ganz besonders, wenn sie von sachkundigen Männern ausgingen.

Er konnte sich deshalb auch nur schwer entschliessen, von seinen Gedichten bei Lebzeiten etwas der Oeffentlich-

---

[1] Gedichte, II., 202.
[2] II., 102.

keit zu übergeben und den Schauplatz der deutschen Literatur zu betreten; nichts fürchtete er mehr als die Geissel der Recensenten. „An den literarischen Pranger gestellt zu werden," sagte er einmal zu seinem Freunde und Biographen, dem Doctor Hirschel, „ist für mich der schrecklichste Gedanke, die Recensentenstreiche sind so hart und schonen kein Blut, so dass selten Einer mit heiler Haut davon kommt."

Um diesen Recensentenstreichen so weit möglich zu entgehen und sich von dem Werthe oder Unwerthe seiner Gedichte zu überzeugen, schickte er einen Theil derselben an Lessing zur Beurtheilung. Dieser, durch die Herausgabe der „Fragmente", durch seine Streitigkeiten mit dem Hamburger Götze damals zu sehr in Anspruch genommen, hatte weder Zeit noch Lust, sich mit Kuh's Gedichten zu befassen und verwies ihn an Moses Mendelssohn. Kuh befolgte gern Lessing's Rath und wandte sich an den Berliner Freund, der ihm mit aller Liebenswürdigkeit seine Ansicht über die Gedichte in folgendem Schreiben unverhohlen eröffnete. [1]

Werthester Herr Kuh!

Ihr Schreiben nebst den Poesien, die Sie mir vor einigen Wochen zuzuschicken die Gewogenheit gehabt, hat mir viel Vergnügen gemacht. Ich freue mich, dass sie noch immer fortfahren, die Musen zu lieben, und dass diese Schwestern, die oft den jungfräulichen Eigensinn haben, dem Jünglinge günstig zu sein und dem Manne den Rücken zuzuwenden, Sie noch manches freundlichen Lächelns würdigen. Mir sind diese Mädchen zwar nie recht gut gewesen, und

---

[1] Ich freue mich um so mehr, diesen Brief Moses Mendelssohn's, der den vollen Stempel der Aechtheit an sich trägt — Hirschel hatte den eigenhändigen Brief Mendelssohn's vorliegen — hier mittheilen zu können, als er mir bei Abfassung des früher erwähnten Werkes: Moses Mendelssohn, Sein Leben und seine Werke, in Folge der Seltenheit von Kuh's Gedichten leider entgangen ist. (I., 120 ff.).

wie ich glaube, aus Eifersucht gegen ihre Schwester Kritika, der ich manchmal die Aufwartung gemacht habe. Seitdem mir aber das Höllenkind Mammon zuweilen mit eisernen Fingern die Ohren zupft und frägt: Was bringt es ein? seitdem, mein Lieber! haben mich Musen und Kritik verlassen, und ich bin der Poesie wie abgestorben. Ich habe fast kein Gefühl mehr für Poesie. Ich löse mir die Gedanken in schlichte Prosa auf. Wo ich alsdann noch immer gediegenen Sinn finde, wie z. B. in Nathan dem Weisen, da ist mir auch das Silbenmaass nicht unlieb. Die Schönheiten der Einkleidungen und des Vortrages aber haben für mich jetzt keinen Werth mehr, und ich liebe sie nur aus der Erinnerung, nicht aus Gefühl.

Sie sehen, mein lieber Freund! an was für einen unschicklichen Richter Sie sich gewendet, indem Sie mir Ihre Gedichte zur Beurtheilung übersendet haben. Ich, Poesie beurtheilen, der ich mich gewöhnt, sie mehr mit der logischen Brille, als mit dem ästhetischen Operngucker zu betrachten? Ich, Richter über schalkhafte, niedliche, scherzhafte Riens (vergeben Sie! ich kann dieses nachdrückliche Wort nicht übersetzen); über poetisches Dragée, das blos den Gaumen kitzelt, ohne den Magen zu befriedigen? Vergeben Sie, Freund Lessing! Da haben Sie unserm Freunde Kuh nicht den besten Rath ertheilt, dass Sie ihn an mich gewiesen.

Sie verstehen mich nicht unrecht, bester Kuh! Viele von Ihren kleinen Gedichten scheinen mir wirklich gut zu sein, würden mir auch, wenn ich anders meine vorigen Empfindungen zurückrufen kann, vor zwanzig oder fünf und zwanzig Jahren recht sehr gefallen haben, die Fabeln ausgenommen, die mir durchgehends Ihrer nicht ganz würdig zu sein scheinen. Jetzt aber, so wie ich jetzt in meinem drei und fünfzigsten Jahre empfinde, gefallen mir einzig und allein Ihre „Morgengedanken", die in meinen Augen recht vorzügliche Schönheiten haben. Einige schwache Stellen in

denselben, die der Dichter sicherlich so gut siehet, wie der
Kunstrichter, verdienen von Ihnen verbessert zu werden,
und ich wünschte, dass Sie sich auf diese Gattung mehr ein-
liessen; ich meine die malerische und lehrende Dichtung, die
Ihnen am besten zu gelingen scheint.
Für die Freimüthigkeit, mit welcher ich einem Manne
wie Ihnen meine Meinung sage, mache ich keine Entschul-
digung, wohl aber muss ich um Vergebung bitten, dass ich
mit der Antwort so lange gezögert habe. Glauben Sie mir,
bester Kuh! seitdem ich Ihr Schreiben zu erhalten das Vergnügen gehabt, ist dieses die erste heitere Morgenstunde, die
ich meinen häufigen Geschäften abbrechen kann.
Ich bin mit der aufrichtigsten Achtung und Ergebenheit
Berlin, den 25. December 1781.

der Ihrige

Moses Mendelssohn.

Kuh, durch dieses Schreiben hoch erfreut, befolgte genau den Rath des Freundes; er liess die Fabeln bei Seite
und versuchte sich an einigen grösseren, theils malerischen,
theils lehrenden Gedichten, aus denen wir folgendes hervor-
heben:

An die Freundschaft.

In welchem seligen Gefilde
Hast du nun, Freundschaft, deinen Thron?
Verehrt dich noch vielleicht der Wilde?
Der Hottentott und der Huron?

Ein böses Weib voll schwarzer Tücke,
Führt leider! deinen Namen hier.
An sanfter Stimme, süssem Blicke,
Sogar im Kusse gleicht sie dir.

Kein Herz bleibt unverführt und bieder;
Unzählig ist der Heuchler Heer;
Kömmst du nicht bald, o Freundschaft, wieder,
Erkennt gewiss dich Keiner mehr. [1]

---

[1] Gedichte, II., 160.

Unter anderen schrieb er auch eine „Ode zum Lobe
Gottes", welche ihm so ausserordentlich gefiel, dass er sie
Mendelssohn gleich nach Beendigung zuschickte. So man-
gelhaft in Bau und Einkleidung sie auch war, so hatte sie
sich doch auch seines Beifalls zu erfreuen; er verbesserte,
feilte, fügte noch einige Strophen hinzu und soll sie einigen
Freunden als ein Produkt Kuh's in Abschrift mitgetheilt
haben. Man weiss nicht, woher es kam: diese Ode galt von
jeher für das beste unter den wenigen Gedichten, welche
Mendelssohn zum Verfasser hatten. Dass es Kuh nicht wenig schmerzte, gerade das Gedicht, auf das er so stolz
war, unter fremdem Namen gedruckt zu sehen, lässt sich
denken. [1]
Dieser Vorfall machte ihn so misstrauisch, dass Niemand
eines seiner Gedichte abschriftlich von ihm erlangen konnte.
Auch Mendelssohn wurde in der Folge nicht mehr mit seinen

---

[1] In Wirklichkeit hatte Kuh gar kein Recht, sich über das ihm von
Mendelssohn, wenn auch ganz gewiss indirekt zugefügte vermeintliche Unrecht so laut zu beklagen. Die von M. mit dieser Ode vorgenommenen
Verbesserungen und Einschaltungen sind so bedeutend, dass von dem ur-
sprünglichen Kuh'schen Gedichte fast nichts geblieben ist als die — Ueber-
schrift. Zur Vergleichung stelle ich hier einige Strophen gegenüber.

Kuh.

Du Gott, Jehova, Gott der Götter!
Du drohst; es zürnen Donnerwetter,
Der Sturm durchwühlet Luft und Meer.
Du lächelst; und der Sturmwind sinket,
Die Donner fliehen, die Sonne blinket,
Und stellt die Schöpfung wieder her.

Du blicktest hold; und es geronnen
Die Blicke schnell zu hellen Sonnen,
Zu schwachen Funken deines Lichts.
Du hingst, was Deine Himmel tragen,
Den Angelstern, den grossen Wagen,
Den Erdball und den Mond an Nichts.

Produkten beglückt, ja er scheint mit diesem von ihm so hochverehrten Mann, an dessen „Freunde" er die schönen Worte richtete:

> Nein! lasset eurem Mendelssohn kein Denkmal stiften,
> Selbst Jaspis und Porphyr verzehrt die Zeit.
> Gestiftet hat er selbst sich eins in seinen Schriften,
> Und dies verschonet Zeit und Ewigkeit. [1]

des erwähnten Umstandes wegen vollständig gebrochen zu haben.

Kuh wandte sich an einen andern Kritiker und traf Anstalten, dass sein Name noch bei seinen Lebzeiten unter die deutschen Dichter eingereiht wurde; er trat mit dem Dichter und Kritiker Ramler in Verbindung.

Mendelssohn.

> Du bist es, Gott, mein Fels, mein Retter!
> Dein Hauch entzündet Donnerwetter,
> Stillt und entkerkert Sturm und Meer!
> Du schwingst geflügeltes Verderben
> Machst Welten so wie Gras ersterben
> Und die Natur ganz freudenleer.
>
> Du blickest nur und es geronnen
> Die Blicke schnell zu grossen Sonnen
> Zu Funken Deines heil'gen Lichts;
> Und was des Aethers Gleise tragen
> Den Thierkreis, Angelstern und Wagen,
> Hing Deine grosse Hand an Nichts.

Kuh's Ode (Gedichte II., 161) besteht aus acht, Mendelssohn's (Werke VI., 396; vergl. auch mein Moses Mendelssohn, 79) hingegen aus vierzehn Strophen. Unverzeihlich ist es immerhin, dass Herr Hirschel dieser Ode wegen Mendelssohn's Ehrlichkeit antastet und seine wässerige Expectoration gar mit den Worten schliesst (I., 131): der „ächte Philosoph und Moralist zuckt zu einem solchen Verfahren die Achseln und sagt mit Montaigne seufzend: Tous les hommes sont pétris des faiblesses."

[1] Gedichte, II., 201. Kuh schrieb diese Zeilen nicht vor frühestens Mai 1786. Vergl. mein Mendelssohn, 173.

VI.

Wie Uz, Kleist, Nicolai, die Karschin u. A. liess auch
Kuh den Kritiker Ramler in seinen Gedichten gewähren;
ihm übersandte er alle seine Produkte, und es ist keine Frage,
dass dieser mit seinem Feingefühle die Unebenheiten oft
tilgte. Ramler, der am Feilen und Verbessern fremder Arbeiten sein grösstes Vergnügen fand, unterzog sich gern der
Mühe, Kuh's Gedichte druckfertig zu machen und übergab
sie haufenweise dem braven „Vertheidiger der Juden," dem
Kriegsrath Dohm in Berlin, für das von diesem herausge-
gebene „Deutsche Museum". Im Januar-Hefte dieser Zeit-
schrift wurden 1784 die ersten Gedichte des „jüdischen Gelehrten" Ephraim Moses Kuh veröffentlicht, in damaliger Zeit
ein epochemachendes Ereigniss. Einige Wochen später wurde
er mit folgendem erst jüngst an die Oeffentlichkeit gezogenen
Briefe Ramler's [1]) beehrt.

Wohlgeborner, hochzuehrender Herr!

Dass Sie die kleine Pflege Ihrer galanten Gedichte so
wohl aufgenommen haben, dafür muss ich Ihnen noch mehr
danken, als Sie mir zu danken Ursache haben. Durch das
kostbare Geschenk der Ovidischen Verwandlungen haben Sie
mir nicht allein eine grosse Freude gemacht, sondern mir
auch Gelegenheit gegeben, die letzte Hand an ein Werk zu
legen, das ich schon lange unter der Feder gehabt habe.
Von Ihren neulich übersandten Gedichten habe ich sogleich ein Dutzend zu denen hinzugeschrieben, die ich bereits
für unseres Geh. Raths Dohm's Museum ausgezogen hatte.
Ich werde so lange mit dieser Arbeit fortfahren, bis ich Ihr
Werk nach und nach zu Ende gebracht habe. Herrn Dohm,
diesem braven Vertheidiger Ihrer Glaubensgenossen, habe ich

---

[1] Aus der Sammlung des Prof. Dr. Kahlert zu Breslau abgedruckt in
Findlinge. Zur Geschichte deutscher Sprache und Dichtung von Hoffmann
von Fallersleben (Leipzig 1860), 302.

so lange einen Beitrag aus Ihren Gedichten für sein Journal
versprochen, als ich Vorrath finde. Aus seinem Journal
können Sie nachmals Ihre Stücke wieder herausheben und
selbst eine kleine Sammlung davon veranstalten, so wie es
auf unserm Parnass der Gebrauch ist. Nach dem zu urtheilen,
was ich bereits in Ihren beiden Quartanten gefunden habe,
glaube ich, dass die künftige Sammlung nicht zu klein werden
wird; aber ich muss mir die gehörige Zeit dazu nehmen,
Sie haben oft ein halbes Stück ganz nach meinem Sinne
gemacht; allein die andere Hälfte dazu zu machen, wird mir
nicht allemal leicht. Und mit dieser kleinen, doch auch nicht
zu kleinen Sammlung könnten Sie, nach meiner Meinung,
diese Art von Arbeit rühmlich schliessen. Von einer Art
Speise, zumal von Konfekt, darf man den Gästen wohl nicht
allzuviel vorsetzen. Am wenigsten möchte ich Ihnen rathen,
in der drei- und viersilbigen Versart fortzufahren, die nach
dem Muster einiger Ausländer einige unserer guten Poeten
versucht haben. So künstlich man es auch versteckt, so
schwächt man doch Gedanken und Ausdruck, und wem zu
Liebe? Dem Reim. Mir klingen diese wiederholten Reime
wie tausend Schellen.

In dem dreissigsten Ihrer gedruckten Gedichte riethe ich
nicht, den Namen Friedrich einzuschieben, es versteht sich
ja doch, dass ein so grosser König, durch die gemeint ist,
die sich mit Thaten balsamiren. Auch wollen wir für seinen
Namen schon eine andere Stelle finden. [1]

---

[1] Das hier gemeinte Gedicht „das Balsamiren" (Museum 1784, Januar,
S. 45, Gedichte I., 168) lautet:

> Balsamiren thut zwar viel
> Doch erreicht es nicht sein Ziel;
> Zeit und Fäulniss dräuen
> Auch den besten Specereien;
> Und ergreift euch erst ihr Zahn,
> Dann, ihr Grossen, ist's um euch gethan.
> Drum — darf euch ein Jude rathen —
> Balsamirt euch hübsch mit Thaten.

Wäre ich jetzt nicht alle Tage mit den Gedichten des seligen Joh. Nic. Götz beschäftigt, die ich schon so lange bei mir verwahrt habe, so könnte ich mit Ihren Gedichten geschwinde fertig werden, diesen Götz werden Sie ohne Zweifel als einen unserer angenehmsten Dichter aus meiner lyrischen „Blumenlese" kennen,[1]) worin achtzig Stücke von ihm stehen. Fast ebenso viele habe ich seit 1772 in die Musenalmanache und andere poetische Sammlungen gesandt, deren Verfasser mich um Beiträge mahnten, mich, der ich nichts für mich gearbeitet habe, weil die fremden Arbeiten mir so wohl gefielen und meinen Fleiss so reizten, dass ich den Ehrgeiz, für mich selbst zu arbeiten, leicht vergessen konnte.

Leben Sie wohl und fahren Sie fort mich zu lieben als

Berlin, den 9. März 1784.

Ihren

ergebensten Freund und Diener

K. W. Ramler.

Ramler hielt Wort und veröffentlichte einen grossen Theil von Kuh's Gedichten im „Museum",[2]) seine Nachahmungen und Uebersetzungen des Martial nahm der Kritiker in den ersten Theil des von ihm herausgegebenen Martial im Auszuge mit auf; andere Produkte erschienen in einigen andern Journalen, wie „Wahrheit und Freimüthigkeit" und Kausch's „Freimüthige Unterhaltungen," und zwischen vier bis fünf Tausend Gedichte hinterliess er bei seinem Tode ungedruckt, zierlich geschrieben in zwei Quartheften mit

---

[1] Von ihm sagt Kuh (I., 201):

Des Sophroniskus Sohn verstand
Die Grazien zu kleiden;
Du giebst ein reizendes Gewand
Den Scherzen und den Freunden.

[2] Januar und September 1784, März und April 1785, September 1786.

verschiedenen Widmungen „An den Leser." Von diesen
lautet die eine:

> Dies Büchlein ist ein Kram; die Waaren, die ich führe,
> Sind Epigramme; kaufe, wer was brauchen kann.
> Doch, lieben Leute, steht euch gar nichts an,
> So geht fein still vor eines Andern Thüre. [1]

und eine andere:

> Mein Buch, o Leser, ist ein Baum:
> Wirst du in seiner Krone Raum
> Mit guter Frucht belad'ne Zweige sehen,
> So nimm sie hin, und lass die schlechtern stehen. [2]

Es scheint überflüssig, über die Gedichte selbst ein Urtheil abzugeben; sie haben keine besonderen Vorzüge, sind
aber nichts desto weniger besser als die ähnlichen bei Gleim; [3]
„seine Epigramme", sagt Kurz, [4] „sind nicht nur das Beste
was er gedichtet hat, sondern sie gefallen auch an sich durch
ihren treffenden Witz und ihre leichte und gewandte Dar-
stellung." Manche seiner Epigramme zeichnen sich in der
That durch Witz und Laune aus, und fügen wir zu den bereits eingestreuten Gedichten theils der Drolligkeit wegen,
theils als weitere Probe noch folgende hinzu:

Lied eines Arabers.

> O Glück! ich sehe sie
> Auf jener Aue
> Macht ihre Gegenwart
> Die Blumen schöner;
> Sie duften lieblicher
> Von ihrem Odem.
> O Samum, wehe nicht!
> Und ihr, o Dornen,
> Verletzt nicht ihren Fuss!

---

[1] Gedichte, II., 54.

[2] Gedichte, II., 102.

[3] Gervinus, Geschichte der deutschen Nationalliteratur, IV., 220; Goe-
decke, Grundriss zur Geschichte der deutschen Dichtung, 621.

[4] Kurz, Geschichte der deutschen Literatur, III., 265; vgl. auch Schlichte-
groll, Nekrolog auf d. Jahr 1790, II. 351 ff.

Haucht, Balsamstauden,
Haucht, wo sie wandelt, Duft!
Ich komme, Schönste,
Die meine Seele liebt;
Licht meiner Augen,
Dein Hassan fliegt dir zu.
O fleuch nicht, fliesset
Gleich edler Ahnen Blut
In deinen Adern!
Flich nicht, Vollkommenste,
Vor meinen Küssen!
So sang ein Araber —
Ihr meint von seinem Mädchen? —
O nein! von seiner Stute. [1]

Die Menschenzahl.

Mein lieber Rath, wie viele Seelen
Zählt man in dieser Stadt? fragte einst ein König. —
Die Wahrheit, Herr, nicht zu verhehlen,
Sprach jener, Seelen giebt's hier wenig;
Doch zähl' ich Männer, Kinder, Weiber,
So giebt es hier zwölf tausend Leiber. [2]

Bittschrift an den König (1785).

Ich liebe sehr den Kaffeetrank;
Wenn der mir fehlet, bin ich krank:
Drum bitte ich Dich, o grosser König,
Ich armer Jünger des Apoll,
Befreie gnädig mich vom Zoll,
Mir schad't er viel, Dir nützt er wenig. [3]

Wie Kuh nächst Moses Mendelssohn und dem längst
verschollenen Polen Isachar Falkensohn Behr [4] der erste
Jude war, welcher im vergangenen Jahrhundert mit deutschen
Versen an die Oeffentlichkeit trat, so war er auch in aner-

---

[1] Gedichte, I., 226.
[2] II., 52.
[3] II., 28.
[4] Eine biographische Skizze dieses jungen Dichters geben wir im Anhang.

kennenswerther Weise gleich jenen bemüht, hebraeische Stoffe deutsch zu bearbeiten und in ihnen den Kern der hebraeischen Sentenzen dem deutschen Publikum vorzuführen. Solche Gedichte „nach oder aus dem Hebraeischen" sind:

Thoren und Weise.

Der Thor gedeiht, den Weisen beugt
Verdruss und Noth und Plage;
Die Welt ist eine Wage,
Das Schwere sinkt, das Leichte steigt. [1]

Hören und Reden.

Geschwätzigkeit gefällt nur Thoren.
Wenn ihr bei Weisen seid,
Bedenket jederzeit:
Natur gab euch nur Einen Mund und doch zwei Ohren. [2]

Leben und Tod.

Ihr Freunde, sterb' ich einst, so sparet eure Trauer:
Der Tod, fürwahr! ist süss, das Leben nur ist sauer,
Der Tod befreit den Geist, das Vögelchen vom Bauer. [3]

Klage eines Alten.

Fürwahr, o Zeit! du bist
Ein schlechter Alchymist:
Du machst ein silbern Haar
Aus dem, was golden war. [4]

Aeusserliches und Innerliches.

Kein stumpfes Schwert
Erhält den Werth
Von seiner schönen Scheide:
Kein Glück vom schönen Kleide. [5]

---

[1] Gedichte, II., 47. Etwas Aehnliches sagt Lessing an irgend einer Stelle.
[2] I., 217.
[3] II., 48.
[4] I., 261.
[5] I., 217.

Der Gelehrte zum Säufer.

Mir entfloh beim Oele, Dir beim Weine manche Nacht:
Mich hat jenes weise, Dich hat dieses dumm gemacht. [1]

Eigenschaft des Guten.

Das Gute bleibet gut, wenn's gleich vom Bösen kam:
Im Wust entsteht das Gold, die Perle wächst im Schlamm. [2]

Kehren wir nunmehr zu dem Leben, den letzten Jahren unseres Dichters zurück.

VII.

Kuh besang seinen funfzigsten Geburtstag [3] und nahm an ihm „Abschied von den Musen", er nannte dieses Gedicht auch wohl seinen „Schwanengesang": [4]

> Meine Haare
> Grauen schon,
> Funfzig Jahre
> Sind entflohn.
>
> Meinen Busen
> Welch ein Schmerz!
> Fliehen Musen
> Witz und Scherz.
>
> Ist mein Klagen
> Denn gescheid!
> Sind nicht Plagen
> Ihr Geleit?
> . . . .

---

[1] Gedichte, I., 174.
[2] II., 55. Vergl. noch II., 85 u. a.
[3] I., 230.   Meinen funfzigsten Geburtstag
Bringen mir die Horen heut,
Und wer weiss, ob mich die Parze
Einen mehr erblicken lässt u. s. w.
[4] II., 212.

Undank, Darben,
Ist der Lohn;
Dichter starben
Hungers schon.

Musen! Leiden
Bracht ihr mir.
Seht, wir scheiden
Für und für.

In den letzten zehn Jahren seines Lebens waren ihm
nur noch wenig freudenreiche lichte Stunden beschieden.
Durch seine Unmässigkeit in den verschiedenartigsten Ge-
nüssen, zog er sich manche Leiden und Krankheiten zu,
seine Kräfte schwanden und boten der Kunst seines Arz-
tes trotz.

Im Jahre 1786 rührte ihn der Schlag und lähmte ihm
die ganze rechte Seite so wie auch das Sprachorgan, so dass
er wie ein kleines Kind gänzlich auf andere Menschen an-
gewiesen war. Oft sank er plötzlich sinnlos hin und man
zweifelte an seinem Leben; hatte er sich dann wieder erholt,
so hob er sein thränenvolles Auge gen Himmel und flehte
um Erlösung.

Wir haben Kuh früher als einen „Aufgeklärten" be-
zeichnet, und als solcher gilt er, wenn man unter diesem
Begriffe diejenigen unter den Juden jener Zeit versteht,
welche in der Befolgung mancher religiösen Ceremonien und
Aeusserlichkeiten nicht sehr rigorös sind. Wie hierin so
war er überhaupt in seiner Religiösität ein Kind seiner Zeit.
Intoleranz und Fanatismus hasste und verabscheute er über
Alles, er liebte alle Menschen ohne Rücksicht auf Glauben
und Meinungen wie seine Brüder und hielt fest an dem
Grundsatze des grossen Friedrich, dass Jeder nach seiner
Façon selig werden könne. Seine Gottesverehrung und Er-
gebung in den göttlichen Willen war die eines wahren
Philosophen. Bei allen seinen Leiden entfuhr seinem Munde
nie das leiseste Murren gegen seinen Schöpfer; er ertrug

alles mit der grössten Resignation. Wie gross seine Erge-
bung und welcher Art seine religiöse Ansicht war, erhellt
am deutlichsten aus folgendem „Gebete‚" welches er bald
nach einem neuen heftigen Schlaganfalle verfertigte:

> Erhöre, Vater, mein Gebet!
> Regiere meinen Geist,   .
> Der selten, was ihm nützt, versteht,
> Oft, was ihm schadet, preist.
>
> In Jammer und in Missgeschick,
> Herr, stähle meinen Sinn;
> Und schadet mir ein gutes Glück,
> So nimm es wieder hin.
>
> Gieb Liebe mir für Jedermann,
> Von dem Du Vater bist:
> Er bete wie er will Dich an
> Wenn er Dein Kind nur ist.
>
> Naht meines Lebens Ende sich,
> Ruft mich der Tod ins Grab,
> So stärke der Gedanke mich:
> Mein Vater ruft mich ab. [1]

Charakteristisch für seine religiöse Denkungsart sind
auch seine Begriffe vom Gebete. „Ich bete sehr ungern,"
äusserte er einmal gegen seinen Freund und Biographen in
seinen letzten Jahren, „nach vorgeschriebenen Formeln oder
auswendig gelernten Worten, die der Mund gedankenlos her-
plappert, ohne dass das Herz das Mindeste dabei empfindet.
Ich binde mich weder an Zeit noch Ort, sondern so wie sich
meine innigsten Empfindungen von Dank und Liebe zum
gütigen Allvater erheben, bete ich. Gottes gute Welt ist
dann mein Altar und das ganze Universum mein Tempel.
Hier erkenne ich am Besten die Allmacht dessen, der alles
dies mit unendlicher Güte und Weisheit zum Besten der

---

[1] Gedichte, II., 160.

Millionen von Geschöpfen schuf, dass sie sich dess erfreun,
und seine unendliche Liebe daran erkennen."

Dass ein Mann mit solchen Ansichten ganz besonders
in damaliger Zeit von dem grossen Haufen verkannt, gehasst
und verfolgt wurde, bedarf kaum der Erwähnung; die Fanatiker unter seinen Glaubensgenossen verfolgten den in ihren
Augen ketzerischen Kuh bis über den Tod hinaus, und dieser
erfolgte bald.

Am 1. April 1790 nahm seine Krankheit einen äusserst
gefährlichen Charakter an; er selbst fühlte sein herannahen-
des Ende und reichte seinen Geschwistern und Verwandten
die Hand zum Abschiede. Seiner Schwägerin, einer Christin,
übergab er seine schön geschriebenen, mit zärtlicher Sorg-
falt gesammelten Gedichte als theures Vermächtniss. Noch
die letzten Augenblicke˙ seines Lebens bezeichnete er mit
Werken der Wohlthätigkeit. Er hatte den beträchtlichsten
Theil seines Taschengeldes zur Unterstütznng jüdischer und
christlicher Armen verwendet. Auch jetzt erinnerte er sich
der Austheilung seiner Stipendien. Er liess sich sein Geld
bringen und ersuchte, da er selbst zu schwach war, seine
Tante, die Vertheilung zu übernehmen.

Nach zwei Tagen war er von seinen Leiden befreit. Mit
zum Himmel gerichteten, im Gebete versunkenen Blicke ent-
schlief er sanft am 3. April 1790, Morgens vier Uhr.

Kaum sollte man es glauben! Einige Fanatiker unter seinen Glaubensgenossen wollten nach seinem Tode noch Rache
an ihm nehmen. Er weigerte sich die Brüdergesellschaft in
der Sterbestunde bei sich zu dulden, und das Sündenbekennt-
niss vor dem Tode abzulegen. „Kein ebenfalls wie ich
sündhafter Mensch," war sein Grundsatz, „kann mir meine
Sünden vergeben; dies ist ein Attribut der allbarmherzigen
Gottheit. Ich sehe also nicht ein, wie Menschen die Be-
fugniss sich anmassen können, ihren Brüdern ein Sünden-
bekenntniss abzufordern! Ich werfe mich täglich, ja stünd-
lich in die barmherzigen Arme des Allvaters, bereue mit

Zerknirschung meine begangenen Schwachheiten, denn beherrscht war ich nie! Ich habe auch das Zutrauen zu seiner Weishcit und Güte, dass er mir die Strafe für meine Sünden gewiss erlassen wird, wenn es mit meinem Seelenheil hinnieden oder im Jenseits bestehen kann." War es einem Manne mit solchen Ansichten zu verargen, dass er die Anwesenheit der Brüdergesellschaft sich verbat? Dafür weigerte man sich auch, ihm einen seiner Person angemessenen Platz auf dem Friedhofe einzuräumen. So fein und verschlagen aber die Unduldsamen diese Beschimpfung auch angelegt hatten, wurde ihr Plan dennoch durch den Einfluss der Verwandten Kuh's vereitelt.

Am 4. April begleiteten die Edlern und Bessern seiner Glaubensgenossen seine irdischen Reste zur letzten Ruhestätte, und sein Grab schmückt folgende ins Hebræische übersetzte Inschrift, die er sich kurz vor seinem Tode selbst verfasst hat:

> Hier liegt der Dichter Kuh,
> Den bald das schnöde Glück,
> Bald auch der Schurken Tücke
> Geneckt. — Hier hat er Ruh'.

Anhang.

Isachar Falkensohn Behr.

Isachar Falkensohn Behr, ein Zeitgenosse Kuh's, hat
gerechte Ansprüche, so gut wie dieser den Barden des vergangenen Jahrhunderts zugezählt und mit einem Uz, Götz u. A.
auf gleiche Linie gestellt zu werden. Die Zeit jener grossen
Entwickelung, jener lebendigen, allverbreiteten Productivität
in Literatur und Kunst hat auch ihn geweckt; er war eine
jener dilettantenhaften Naturen, welche eine geistig rege Zeit
hervorzubringen pflegt.

Sein Schicksal ist höchst sonderbar, gewissermassen ein
Gegenstück zu dem Entwicklungsgange Kuh's.

Geboren im Jahre 1746, in einem der traurigsten Winkel
Europas, in dem polnischen Städtchen Zamocz wuchs Behr
unter halben Wilden und dem uncultivirtesten Haufen seiner
Glaubensgenossen ohne Erziehung, ohne jeden andern Unterricht auf, als den, welchen rohe polnische Lehrer in ver-
räucherten Winkelschulen ihm ertheilten. Seit früher Jugend
feilschte er mit den polnischen Bauern. Später verliess er
die Heimath und wanderte nach Preussen, um, wie er selbst
gesteht, Geld zu erwerben. Welch höheres Verlangen konnte
auch ein Mensch wohl hegen, der einer unter Bedrückung
und Misshandlung stets seufzenden, in tiefe Unwissenheit
versunkenen Nation angehörte! Aber Gold oder nicht Gold
das ist die Frage. Kaum hatte er die „blühende Handels-
stadt Borussia's" betreten, so zeigte ihm der Verlust seines
geringen Ersparnisses, dass „wandelnd Erz", wie er in dem
Gedichte „die Hoffnung" sich ausdrückt, „keine Quelle steter

Zufriedenheit sei." Er hatte das Unglück, dass ihm ein Stück Sammet gestohlen wurde, worin sein ganzer Reichthum bestand. Aus Furcht bei seiner Rückkehr in die Heimath wegen dieses Unglücks verspottet und verhöhnt zu werden, entschloss er sich, nicht nach Polen zurück zu reisen, sondern — auf der Königsberger Universität zu bleiben. Er erhielt auch Zutritt zu einigen Professoren und lernte die deutsche Sprache aus Wolfs mathematischen Schriften. Nahe daran, ein Raub der Verzweiflung zu werden, in dem ersten besten Flusse seinem jungen Leben ein Ende zu machen, erreichte er endlich, nackt und bloss, „der blühenden Künste Pflanzstadt, Berlin."

Hier angekommen, galt der erste Besuch, welchen der junge Mann im polnischen Rocke machte, dem Freunde Moses Mendelssohn's und Lessing's, dem als Philosoph und Mathematiker bekannten Israel Samosz. Dieser sein Landsmann und naher Verwandter lebte in einer der reichsten Judenfamilien als Privatgelehrter, und war wohl im Stande, den Dürftigen aufzuhelfen. Er nahm sich seiner in der That mit aller Liebe an, und nun begann der zwei und zwanzigjährige Behr mit Eifer den Studien obzuliegen; freilich musste er, wie er selbst erzählt, in diesem Alter erst lernen, was sonst ein Kind von sechs Jahren schon weiss, das ist deutsch Lesen und Schreiben. Indem er Deutsch lernte, sang er auch deutsche Lieder, sein seltenes Talent lenkte die Aufmerksamkeit Mendelssohn's, an den er empfohlen war, und Ramler's auf sich, und sie gaben ihm zu regelmässigen Studien einige Anleitung. Behr nahm Unterricht in der lateinischen und französischen Sprache und studirte die Arzneikunde.

Der von Friedrich dem Grossen geschätzte und durch seinen Reichthum nicht weniger wie durch seine Freigebigkeit gefeierte Daniel Itzig unterstützte den jungen Polen reichlich und zog ihn in den Kreis seiner von Gelehrten und Künstlern viel besuchten Familie. Mit einer Tochter dieses seines Wohlthäters, der „sanften Elisabeth," scheint der junge

Dichter sogar auf vertrautem Fusse gestanden zu haben, um
ihr und ihrer Schwester Lob war es ihm besonders zu thun
und an sie richtete er auch die zierlichen Verse:

Ihr Zärtlichen,
Kein falscher Blick;
Ihr müsst mich seh'n.
Ich bin nicht wild,
Vielleicht gar schön!

Voll Sehnsucht blickt
Mein Augenpaar,
Und Puder schmückt
Mein Lockenhaar!

Mein Bart ist glatt
Und glätter hat,
Ich sag' es kühn,
Kein Jüngling ihn.

Mein Rock ist grün
Und ziemlich schön,
Ihr solltet ihn
Nur einmal seh'n.
Ihr würt mir hold,
Denn ihn schmückt Gold!

In der ersten Zeit seines Berliner Aufenthalts hatte er
die Freude, auch Lessing kennen zu lernen. „Ich-konnte
anfangs wenig mit ihm sprechen,“ erzählte dieser, „denn er
verstand kein Wort deutsch, da er aber zugleich Lateinisch
lernte, so verlangte ich von ihm, mir etwas aus einem deutschen Schriftsteller ins Lateinische zu übersetzen, und siehe,
er brachte mir einen ganzen Act aus der Wieland'schen
Uebersetzung des „Romeo.“ Freilich war diese Uebersetzung
toller als meine Verwunderung, und ich konnte nicht anders,
als ich musste seine Kühnheit mehr für Unkunde als für
Genieäusserung halten. Aber ich sah mich bald betrogen.
Jetzt schreibt er ziemlich gut deutsch, versteht ein lateini-

sches und französisches Buch, und ist in der Mathematik,
Philosophie und Medicin kein Fremdling. Wenn er so fort-
fährt, kann er es weit bringen. Frau und Kinder hatte er
schon, ehe er nach Deutschland kam".[1]

Wenige Monate, nachdem Lessing dieses Urtheil über
unsern Behr abgegeben hatte, schrieb auch Boie an Knebel,
Göthe's Vertrauten: „Die Gedichte des Litthauer's sollen auch
jetzt gedruckt sein. Sie haben Recht, die jüdische Nation
verspricht sehr viel, wenn sie einmal erwacht.[2]

„Gedichte eines polnischen Juden" traten Ende 1771[3]
wirklich in die Oeffentlichkeit. Gedichte eines polnischen
Juden! Ein sonderbarer Titel, der den Dichter selbst zum
Lachen brachte, Worte, die in ein paar Tausend Jahren nicht
beisammen gestanden haben mögen. Gleich dem Chorführer
der jungen aufstrebenden Dichtertalente besang der junge
Studiosus der Medicin in diesen Dichtungen Doris und Philis,
Aglaja und Curonie; wie Ramler feierte er die Mädchen und
das Landleben und theilte mit ihm den Enthusiasmus für
Friedrich den Grossen und das preussische Regentenhaus.
Einige seiner Lieder haben den biedern altdeutschen Ton
unserer besten Liebesdichter, lachende Bilder, Schalkheit und
unschuldige Naivetät. Minder glücklich ist er in der Ode.
Sein Ausdruck ist oft zu verkünstelt, und nicht immer weiss
er die Mühe zu verbergen, welche Silbenmass und Reim ihm
gekostet; unter dem Zwange der Versification leidet mancher gute Gedanke.

Gedichte eines polnischen Juden in deutscher Sprache
im Jahre 1771! Schon die Aufschrift machte, wie ein Recensent in den „Frankfurter Gelehrten-Anzeigen" bald nach
dem Erscheinen sich ausdrückte, einen sehr vortheilhaften
Eindruck, und dieser Recensent ist kein geringerer als

---

[1] Lessing's Schr. XIII., 305.
[2] Knebel's Nachlass II., 111.
[3] Mietau und Leipzig.

Göthe. Dass Göthe in diesen Gedichten nicht fand, was er vielleicht suchte, und noch weniger fand, als in ihnen steckt, überrascht uns nicht. Er erwartete einen seltenen, feurigen Geist, neue, unbekannte Empfindungen, mit einem Worte, einen neuen Jüngling, wie er ihm in der Phantasie lebte und dessen Bild er in dieser Recension zuerst entwarf. Statt auf die Gedichte näher einzugehen, führte er dem Publikum — und insofern ist die Recension höchst merkwürdig — das vollendete Bild seines damals zur Reife gedichenen „Werthers" vor. Den polnischen Juden verlor er darüber aus dem Gesichte und äusserte nur zum Schlusse den Wunsch, ihn auf dem Wege, wo er sein Ideal suchte, einmal wieder zu begegnen.[1]

Ob die Recension des damals noch sehr jungen Göthe unserem Dichter den Muth zu ferneren Leistungen genommen hat? Sein Leben in dem Reiche der Poesie hat nicht lange gedauert. Behr verliess als ein von der Universität Halle promovirter Doctor der Medicin 1773 Berlin und begab sich nach Breslau, um nunmehr in seine Heimath zurückzukehren. Doch kaum hatte er Breslau betreten, als auch seine Glaubensgenossen Anstalten trafen, ihn in Gewahrsam zu bringen, wie Professor Busch aus Hamburg dem Herrn von Hennings, dem Freunde Moses Mendelssohn's, mittheilte,[2] weil sie fürchteten, dass er gleich vielen Anderen zur Kirche übertreten werde.

In Hasenpoth in Kurland liess sich Behr als practischer Arzt nieder. Ob er noch weiter gedichtet hat, wissen wir nicht.

---

[1] Göthe's Werke, XXXIII., 40.
[2] Handschr.
Vgl. Wiener Jahrbuch für Israeliten, 1862, 1 ff.